かわいい！がいっぱい

100円ショップではじめての手芸

1 フェルト・羊毛フェルト
でつくる

ポプラ社

この本の見方

1 おおよその作業時間をしめしているよ。

2 むずかしさのレベルだよ。
★は初級、★★は中級、★★★は上級。

最初はかんたんな作品からチャレンジしてみてもいいね！

3 作り方の補足や注意するポイントを説明しているよ。

4 作品に使う材料や道具を参考に、自分の好きな色の材料や使いやすい道具などを選んでね。

5 かんたんにできるアレンジのアイデアを紹介しているよ。

※1 作業時間には、接着剤をかわかす時間はふくまれていません。
※2 材料や道具は2024年6月時点の商品です。購入時期や商品により、100円ショップでは取りあつかいが終了している場合があります。

もくじ

おもな材料と道具 4

基本のぬい方 6

材料や道具の使い方 8

フェルト

アイスクリームのしおり 10

友だちお名前ワッペン 12

アレンジでへんしん！ めくるお名前ワッペン 13

花が飛び出すおうちのガーランド 14

アレンジでへんしん！ 動物のガーランド 17

ハートのチャーム 18

アレンジでへんしん！ いろいろな動物チャーム 20

動物だるまのお守り 22

アレンジでへんしん！ 動物だるまの仲間たち 25

イチゴの移動ポケット 26

アレンジでへんしん！ リンゴや動物の移動ポケット 29

羊毛フェルト

ヒヨコのクリップ 30

ペンギンのバッジ 32

クマの置物 34

アレンジでへんしん！ ししゅうをプラス！ 37

型紙 38

おもな材料と道具

この本で使うものを紹介するね。100円ショップや手芸用品店などでそろえられるよ！

買いに行く前に家にあるかどうか確認してね。

共通の道具

● **針**
手ぬい針を使う。

> 針はあらかじめ本数を数えて、使用後にも本数を確認してね。

● **チャコペン**
フェルトに型紙を写すときや、印をつけるときに使う。

> 時間がたつと、自然に消えるチャコペンが便利だよ！

消えるチャコペン
チャコペン

● **接着剤**
フェルトをはり合わせることができる、布用の接着剤を使う。かわくと、とうめいになるもの、せんたくできるもの、すばやくかわくものなどいろいろな種類がある。

● **はさみ**
布を切るためのたちばさみや、糸を切るための糸切りばさみなどがある。

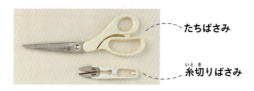
たちばさみ
糸切りばさみ

> 用途別のはさみがなければ、ふだん使っている使いやすいはさみでいいよ。

● **マスキングテープ**
フェルトの型紙を固定するときなどに使う。

フェルトの材料と道具

● **定規**
材料のサイズをはかったり、印をつける位置をはかったりするときに使う。

> とうめいの方眼定規がおすすめ！

● **セロハンテープ**
ものをはるときに使う。

● **フェルト**
色や大きさはいろいろ。あらえるものもある。

● **糸**
手ぬい糸とししゅう糸を使う。ししゅう糸は6本の糸をより合わせたもの。

> 基本は、ぬったところが目立たないよう、布の色に近いものを選ぶよ。

● **両面テープ**
フェルトをはり合わせることができる、布用の両面テープを使う。

● **型紙に使う紙**
厚紙、画用紙、ハトロン紙、トレーシングペーパー、パターンシートなどがある。

> 使いやすい紙を選んでね！

● **仮止めクリップ**
フェルトの仮止めに使う。

- **ボールチェーン**
作ったものをバッグなどにぶら下げるときに使う。

- **ネームテープ**
ネームシールともいう。服や日用品に接着できる布製のテープ。アイロンでつけるものが多いが、アイロンを使わず、はるだけのタイプもある。

- **あやテープ**
引っぱってものびない布のテープ。バッグの持ち手や、服の補強などに使う。

羊毛フェルトの材料と道具

- **羊毛フェルト**
ニードルフェルトともいう。羊毛フェルト用ニードルを使って形を作ることができる。

- **ニードル**
羊毛フェルト用を使う。羊毛フェルトの形を整えるために使う先のするどい針。説明書をよく読み、かならず大人といっしょに使う。

- **マット**
フェルティングマットともいう。ニードルを使うときに、テーブルやニードルの針先をきずつけないために使う。

> マットを使うと、ニードルへの負担が少なくなるから、ニードルがおれにくくなるよ。

- **指サック**
指を保護するためにつける。手芸用品店などにある。

> レザーのはぎれを使って、自分の指のサイズにぬい合わせてもいいね。大人に相談してみよう!

- **木製ピンチ**
ものをはさむ道具。メモをはさんだり、食品の袋をとめたり、いろいろな使い方ができる。

- **ブローチピン**
ブローチにしたいものの裏に取りつけることができるピン。

- **まち針**
仮止め用の針。この本では羊毛フェルトの部品を仮止めするのに使う。

あると便利なもの

- **糸通し**
針の穴に糸をかんたんに通すことができる道具。

- **アイロン台とアイロン**
しわがなくなり、仕上がりがきれいになる。かならず大人といっしょに使う。

- **ニードルホルダー**
使うとニードルが持ちやすくなる。

ニードルホルダー
ニードル

アイロンを使うときの注意点

⚠ かならず大人といっしょに使い、やけどには十分注意する。

1. 平らなところにアイロン台とアイロンを準備する。
2. 布の種類に合わせて温度を設定する。
3. そばをはなれるときや使い終わったときは、スイッチを切り、コンセントから差しこみプラグをぬく。ぬくときは、差しこみプラグを持ってぬく。
4. 熱がさめてからしまう。

基本のぬい方

基本のぬい方をマスターしておくと、作業が進めやすいよ♪

ぬう前に知っておこう！

糸の長さ

むねから片うでをのばしたくらいの長さが使いやすい。

1本取り

1本の糸でぬうこと。布に針をさして糸を引くとき、針の穴から糸がぬけないように気をつける。

2本取り

2本の糸でぬうこと。じょうぶにぬいたいときなどに、2本取りにする。

ししゅう糸の場合
ししゅう糸は、細い糸が6本集まって太いたばになっているので、必要な本数をぬき取って針に通す。2〜3本取りでぬうことが多い。

玉結び
糸のはしを結ぶことで、糸が布からぬけないようにする結び目のこと。

1

針の穴に糸を通したら、糸のはしを、針と指ではさむ。

2

糸を2〜3回、針に巻きつける。

3

巻いた糸をしっかりとおさえて、針を引きぬく。

4

糸をおさえたまま、糸の玉ができるまで下へ引っぱる。

玉どめ
ぬい終わったとき、糸が布からぬけないようにする結び目のこと。布の裏側や目立たないところに作る。

1
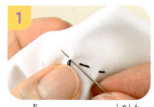
ぬい終わったところを写真のように、針の先で小さくすくう。

2

針の先に、糸を2〜3回、巻きつける。

3

糸を巻きつけたところを、しっかりおさえて、針を引きぬく。

4

糸の玉を切らないように、糸のはしを少し残して切る。

ぬい方

バックステッチ　線をぬうステッチ。本返しぬいともいう。

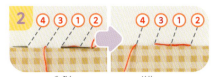

①に裏から針を出して糸を引き出す。1目分もどって②に針をさし、2目分先の③から針を出して糸を引き出す。

③から1目分もどって①に針をさし、2目分先の④から針を出す。

❶❷と同じ動作をくり返すと、すきまのないぬい目ができる。

巻きかがりぬい　布のはしを糸で巻くようにぬい合わせる。布のはしを始末したり、かざりにしたりもする。

玉結びが見えないよう、2枚を重ねた布の内側から針をさす。

表に引きぬいた針を、裏からさす。

1目の長さをそろえて、❷と同じ動作をくり返し、内側で玉どめをする。

ストレートステッチ　まっすぐな線をぬう。

たて方向に並行な線を複数本ぬう方法を例にして説明しているよ。

ストレートステッチで放射線状にぬうと花の形になるよ！

裏から針を出し、線をかくように下に針をさす。

❶のぬい目と並行になるように次の目をぬう。

❷をくり返すと並行な線のぬい目が複数できる。

サテンステッチ　面をうめるようにぬう。

円い形をたて方向にぬうやり方を例にして説明しているよ。

真ん中から針を出し、下へ向かって針をさす。

❶をくり返して、左半分をすきまなくぬう。

真ん中から針を出し、今度は右半分をぬっていく。

すきまなくうめるようにぬうと円い形になる。

材料や道具の使い方

はさみの使い方

切る

はさみを、切るものに対して垂直に立てて、刃をねかせないようにしながら、刃のおくをしっかり使って切る。

細かい部分を切る
細かい部分を切るときは、はさみの刃の先を使って切る。

曲がった部分を切る
はさみを動かさず、フェルトを動かして切る。

切ったあと
テープやのりがついたところを切ったあとは、ウエットティッシュでふき取る。

> ふくとき、けがをしないように十分注意してね。

型紙の作り方　2つの方法を紹介するよ。

コピーする
型紙をコピーし、工作用紙や画用紙などに、のりではりつけてから切り取る。

トレーシングペーパーに写す
写したい型紙の上に、トレーシングペーパーを重ねて、かき写す。

> パターンシートという、とうめいなプラスチックも便利。写して切れば、紙にはる手間がいらないよ。

型紙の使い方　2つの方法を紹介するよ。

型紙をなぞる
手でしっかりとおさえ、まわりをチャコペンなどでなぞる。

> 顔は型紙を参考にしてかき写すよ。

テープで固定して、そのまま切る
はりなおせるマスキングテープやメンディングテープが使いやすい。

> 太くこいえんぴつでかき写したトレーシングペーパーの型紙は、裏返して、ボールペンで線をなぞれば型が布に写せるよ。

8

羊毛フェルトのあつかい方

1. 分けるときは、繊維にそってさくようにする。丸まっている場合は、広げてからさく。

2. 繊維を分断するときは、ゆっくりと引きぬくようにちぎる。

> 0.1gなど少量をはかるときは、1gをはかってから10等分にするといいよ。

3. 少量を取るときは、羊毛フェルトの先をつまんで引きぬくように引っぱる。

4. はさみで切り分けたときは、切り口をほぐす。

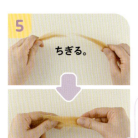

ちぎる。
ちぎった繊維を重ねてちぎる。

5. 羊毛フェルトを作品に重ねていくときは、何度か繊維をちぎって、繊維のたばをほぐしてから重ねる。

> たて横ななめに重ねながらほぐすと繊維の方向をばらばらにできるよ。

ニードルのあつかい方

さし方

指サックをつけ、羊毛フェルトに対して、ニードルをまっすぐにさし、まっすぐにぬく。そうしないとニードルが曲がったり、おれたりすることがある。さすときは手元に集中する。

> 一度曲がったニードルは、おれやすいので、使わないようにしてね。もし、おれたら、大人に取ってもらおう。

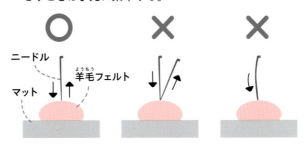

○ まっすぐさして、まっすぐぬく。
× まっすぐさして、ななめにぬく。
× しならせる。

持ち方

ニードルの上部をつまむようにして持つと、まっすぐにさしやすい。

> えんぴつと同じ持ち方はしないでね。羊毛フェルトに対して、ななめにニードルが入ってしまうよ。

さす深さ

最初は深くさし、少しかたまってきたら、真ん中くらいまでさす。最後に形ができあがってきたら、表面を浅くさして仕上げる。さす力や回数のちがいで、同じ量の羊毛フェルトでも、できる大きさやかたさに差が出る。

> させばさすほど、羊毛フェルトはかたく、小さくなるよ。同じ場所をさしすぎるとそこだけかたくなってしまうから、全体をバランスよくさしてね。

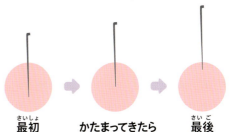

最初 → かたまってきたら → 最後

フェルト

アイスクリームのしおり

作業時間
15分

レベル ★

切ってはるだけで作れるしおりだよ！
好きな色のフェルトを使ってね。

材料・道具

- 型紙（38ページ）
- フェルト…5色（アイス4色、コーン1色）
- リボン…長さ15cm
- はさみ
- 接着剤…布用
- チャコペン
- 定規

作り方

1 型紙を使ってフェルトを切り、アイスクリームの部品を用意する。

2 コーン2枚を接着剤ではり合わせる。

3 2に少し重なるように、1段目のアイスを1枚はる。

4 3を裏返して、もう1枚の1段目のアイスをはり合わせる。

5 2段目のアイスを、34と同じようにはり合わせる。

6 3段目は、1枚目のアイスをはって裏返し、リボンをはってから、もう1枚を重ねてはり合わせる。

7 リボンのはしに、残りのアイスの1枚目をはり、もう1枚を重ねてはり合わせる。

できた！

カラフルなしおりのできあがり！

作り方

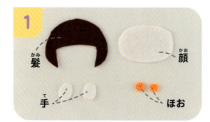

1 型紙を使ってフェルトを切り、ワッペンの部品を用意する。

2 フェルトを9cmの正方形に切り、背景を作ったら、ネームテープをはる。

3 写真のように顔を置き、2本取りの糸で顔のまわりを、巻きかがりぬいでぬってから、髪を重ねて同じように髪のまわりを巻きかがりぬいでぬう。

顔のぬい方は21ページを見てね!

4 チャコペンで顔をかき、2本取りの糸で目、鼻、口をぬったら、ほおを接着剤でつける。

5 2本取りの糸を使って、手を巻きかがりぬいでぬいつけたら、はさみでまわりを3mmほど残しながら切る。

できた!
小物などにぬいつけたり、接着剤ではったりして使ってね!

アレンジでへんしん! めくるお名前ワッペン

あまったフェルトを1枚重ねるだけだよ!

材料・道具　●友だちお名前ワッペンと同じ　●かざり…レースなど

角を丸く切る。

1 友だちお名前ワッペン(手はつけない)と、ネームテープよりやや大きめのフェルトを用意する。

2 ❶のフェルトに巻きかがりぬいで手をぬいつけて、上から幅5mmのところに接着剤をつけ、ワッペンにはる。

できた!
レースなどかざりをつけたらできあがり!
めくると下の名前が見えるよ!!

花が飛び出す おうちのガーランド

作業時間 **30分**

レベル ★

切ってはるだけで作れるガーランドだよ！
かべがはなやかになるね♪

材料・道具

- 型紙（38ページ）
- フェルト…8〜12色（かべ、屋根、ドア、ドアノブ、花、花の中心）
- 糸…毛糸（長さ1m20cmほど）
- 両面テープ…布用
- 接着剤…布用
- はさみ
- チャコペン
- 仮止めクリップ
- 定規

作り方

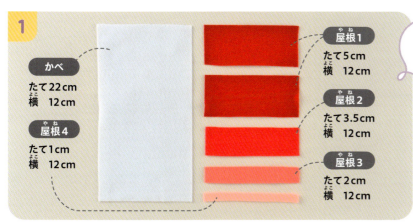

1 フェルトを切って、家の部品を準備する。

かべ たて22cm 横12cm
屋根4 たて1cm 横12cm
屋根1 たて5cm 横12cm
屋根2 たて3.5cm 横12cm
屋根3 たて2cm 横12cm

屋根は写真のように少しずつちがう色を重ねてもかわいいよ。

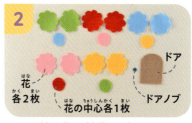

2 出入り口以外の型紙を使ってフェルトを切り、そのほかの部品を用意する。

花 各2枚、花の中心各1枚、ドア、ドアノブ

3 かべの両はしの幅1cmに接着剤をつけ、屋根1をはりつける。

4 右の屋根1の上に、屋根2〜4を接着剤で、順番に重ねてはりつける。

5 重ねてはった屋根を上にして、半分におる。

6 下から1.5cmのところに型紙（出入り口）を置き、チャコペンで型を写す。

7 ❻を広げてから、写真のように半分におって、写した型の線に、はさみで切りこみを入れる。

8 ❼を広げてから、切りこみにはさみを入れて、型の線にそって切り、裏返す。

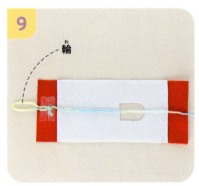

毛糸の両はしを輪になるように結び、屋根の真ん中に、両面テープではる。

❽で切った出入り口に、毛糸を通す。

家の上半分（青でしめした部分）に、幅1cmほど接着剤をつけ、半分におりたたみ、仮止めクリップでとめる。

出入り口の向かって右側に、幅1cmほど接着剤をつけ、下から1cmのところにドアをはりつける。

ドアから糸をまっすぐに出し、かべから10cmほどの位置に、最初の花を置き、残りは5cm間かくで仮置きする。

位置が決まったら、両面テープで固定する。

花に接着剤をぬり、同じ色の花を重ねてはっていく。

花の中心を接着剤ではっていく。

ドアノブをはったらできあがり！

アレンジでへんしん！ 動物のガーランド

たてにつるす動物のガーランドを作ってみよう！

材料・道具
- ウサギとネコの型紙（38ページ）
- 花が飛び出すおうちのガーランドと同じ
- 糸…ししゅう糸1色（顔）
- 針…手ぬい針

1 顔のぬい方は21ページを見てね！

型紙通りに切り取ったフェルトに、動物の顔を2本取りの糸でぬう。

2 表と裏、表情のちがうものをはり合わせてもおもしろいよ！

花が飛び出すおうちのガーランドの⓬まで作ったら、⓭〜⓯の花のかわりに❶の動物を写真のようにはりつけていく。ドアにドアノブをはる。

できた！

基本の表情を自分なりにアレンジしてね！

おうちから… 花や動物が飛び出した！

ハートのチャーム

クリスマスツリーのオーナメントなど
季節のイベントでも使えるよ！

作業時間
40分

レベル ★★

材料・道具

- 型紙（39ページ）
- フェルト…3色（ハート、頭、鼻のまわり）
- 糸…ししゅう糸2色（顔、ハート）
- レース…幅1〜1.8cm、長さ12cm
- わた
- リボン…幅1〜1.2cm、長さ12cm
- 接着剤…布用
- 針…手ぬい針
- はさみ
- チャコペン
- 定規

作り方

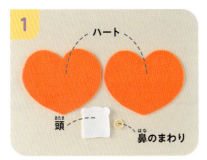

1 型紙を使ってフェルトを切り、ハートのチャームの部品を用意する。

2 クマの頭に鼻のまわりを接着剤ではってから、ハートにはりつける。

3 チャコペンで顔をかく。

4 2本取りの糸で顔をぬう。

顔のぬい方は21ページを見てね！

5 クマの顔だけ出るようにして、レースを接着剤ではりつける。

6 レースのはしに接着剤をつけ、裏におりこむ。

7 リボンのはしに接着剤をつけ、半分におってはり合わせる。

8 ❼のリボンのはしに接着剤をつけて、もう1枚のハートにはりつけ、❻のハートを重ねる。

9 写真の点線部分以外を、2本取りの糸でぐるっと巻きかがりぬいでぬう。

ここではまだ玉どめはしないよ。ぬい終わったら、針と糸はそのまま休めておいてね。

わたをつめる。

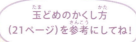

玉どめのかくし方
(21ページ)を参考にしてね！

わたをつめたら、休めておいた糸で続きをぬう。玉どめをしたら、玉どめをかくすように針をさす。

できた！

ハートのチャームのできあがり！

アレンジでへんしん！ いろいろな動物チャーム

型紙（39ページ）を使って、イヌやブタを作ってみよう！

使う型紙はこれ！

イヌ
耳の色や形、つける位置を変えるといろいろな種類のイヌになるよ！

ブタ
ブタの鼻をイヌと同じにすればネコにもなるよ！

使う型紙はこれ！

顔のぬい方

38～39ページの型紙と同じ大きさだよ。

● 動物（例：ウサギ）

- 目：サテンステッチ
- 鼻：サテンステッチ
- 口・ひげ：バックステッチ または ストレートステッチ

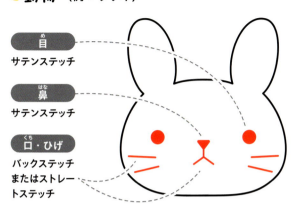

● 人（例：顔1）

- 目：サテンステッチ
- 鼻：ストレートステッチ
- 口：バックステッチ

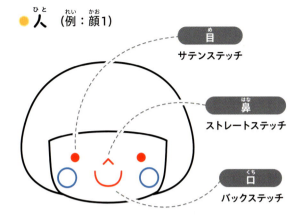

動物の鼻のぬい方

1. 裏から「●」の点のところに針を出し、「●」の点のところに針をさす。
2. 「●」の点のところから針を出し、また「●」の点のところに針をさす。
3. 「●」の点のところから針を出し「●」の点のところに針をさしたら、いちばん上の「●」の点のところから針を出し矢印の方向へ、すきまをうめるようにぬっていく。

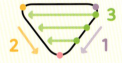

動物の口のぬい方

1. 鼻をぬい終わったら、そのまま裏から「●」の点のところに針を出し、「●」の点のところに針をさす。
2. 「●」の点のところから針を出し、「●」の点のところに針をさす。
3. 「●」の点のところから針を出し、「●」の点のところに針をさす。

玉どめのかくし方

糸はフェルトの表面ギリギリのところで切ってね。

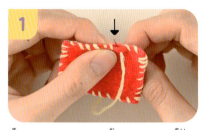

1. 巻きかがりぬいの終わりは、2枚のフェルトのあいだから針を出す。

2. あいだから出した糸を玉どめする。

3. 2枚のフェルトのあいだに針を入れ、1～2cmほどはなれた場所から針を出し、糸を引っぱりながら切る。

動物だるまのお守り

お守りにメッセージをかいて、
相手の好きな色で作ったら
すてきなプレゼントになるよ!

作業時間
50分

レベル ★★

材料・道具

- 型紙（38ページ）
- フェルト…3色（体、顔・耳、ほお。ほおは布用のペンでかいてもよい）
- わた
- 糸…ししゅう糸4色（体、顔、顔のまわり、もよう）
- ネームテープ
- リボン…幅6mm、長さ5cm
- ボールチェーン
- はさみ
- チャコペン
- 油性ペン
- 針…手ぬい針
- 接着剤…布用
- 定規

作り方

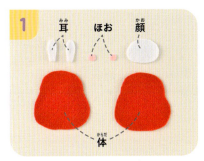

1 型紙を使ってフェルトを切り、だるまの部品を用意する。

2 体に顔を重ね、1本取りの糸を使って、巻きかがりぬいで顔のまわりをぬう。

3 チャコペンで顔をかく。

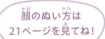

顔のぬい方は21ページを見てね！

4 2本取りの糸で顔をぬい、裏で玉どめをする。

5 チャコペンでもようをかく。

もようは型紙を参考にしてね。

6 2本取りの糸を使い、バックステッチでもようをぬう。裏で玉どめをする。

7 ほおのフェルトを、接着剤ではりつける。

8 体より小さく切ったネームテープに、好きな文字を油性ペンでかき、❶で用意したもう1枚の体にはりつける。

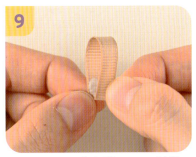

9 リボンのはしに接着剤をつけ、半分におってはり合わせる。

23

❽の体を裏返し、頭の真ん中に、❾のリボンを接着剤ではりつけたあと、耳をはりつける。

❿の上に、❼を重ねる。

ここではまだ玉どめはしないよ。ぬい終わったら、針と糸はそのまま休めておいてね。

底の部分以外を2本取りの糸でぐるっと、巻きかがりぬいでぬい合わせていく。

底の部分からわたをつめる。

わたをつめたら、休めておいた糸で続きをぬう。

玉どめのかくし方は21ページを見てね！

玉どめをしたら、玉どめをかくすように針をさす。

リボンにボールチェーンを通す。

できた！

ボールチェーンをつなげたら、できあがり！

アレンジでへんしん！

動物だるまの仲間たち

耳の型紙（38ページ）を使って
ほかの動物のだるまも
作ってみよう！

パンダ
目や口の形を変えれば
わらった顔になるよ！

ネコ
三角の耳にして、ひ
げをつけたらかわ
いいネコになった！

使う型紙はこれ！

クマ
丸いフェルトを鼻のところにつけ
るだけで、パンダがクマにへんし
ん。体のもようは好きな形に切っ
たフェルトをはってもいいね！

型紙のアレンジの仕方

基本の作り方をちょっと工夫すれば、
どこにもない自分だけのオリジナル作品が作れるよ。

1

耳と体をつなげて切った型紙と、顔の型紙でフェルトを切る。顔やもようをぬったら、接着剤で体に顔をはる。同じものをもう1つ作る。

2

片方のだるまの裏に、スナップボタンつきネームタグをはる。接着剤で、残っただるまを重ねてはり合わせる。

表と裏で顔の表情を
変えてもおもしろいね！

材料・道具

- 型紙（39ページ）
- フェルト…3〜6色（本体1と2、イチゴとへた）
- 糸…手ぬい糸1色、ししゅう糸2〜3色（本体1、イチゴのつぶ）
- あやテープ…幅1〜1.3cm、長さ14cm
- バンドクリップ
- レース…幅1〜1.5cm、長さ14cm
- はさみ
- チャコペン
- 接着剤…布用
- 針…手ぬい針
- 仮止めクリップ
- 定規

作り方

1

本体1 たて24cm 横14cm
本体2 たて14cm 横14cm

本体1と2は同じ色でもいいよ！

写真でしめしているサイズにフェルトを切って、本体を準備する。

2
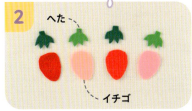

へた／イチゴ

イチゴやへたの色は写真のように少し変化をつけるとおもしろいよ！

型紙を使ってフェルトを切り、必要な部品を用意する。

3

角の丸みは図1（実物大）の型紙を使って切ると左右同じ形になるよ！

本体1の上の2つの角を丸く切る。

4
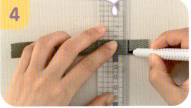

図2（実物大）を参考にしてね。

14cmに切ったあやテープに、チャコペンで両はしから2cmと4cmの位置に、線を引く。

5

バンドクリップを差しこむ部分

図2のむらさきの部分に接着剤をぬる。

バンドクリップを差しこむ部分には接着剤をつけないように気をつけてね。

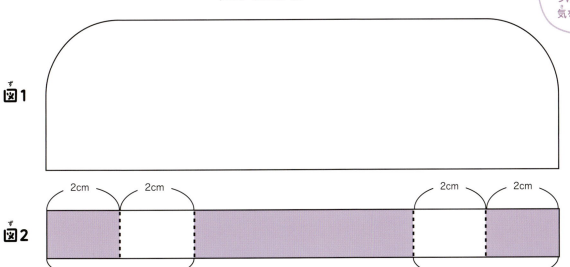

図1

図2　2cm　2cm　2cm　2cm　4cm　4cm

6 本体1の上から11cmのところに、**5**のあやテープをはりつける。

7 図2(前のページ)でしめした点線部分を、1本取りの手ぬい糸を使ってバックステッチでぬい、裏返す。

仮止めクリップでとめておくといいよ!

8 本体1の下から4.5cmのところに、本体2を置き、本体1を4.5cmおり上げる。

9 本体2を写真のように三角の印まで手前におり下げ、仮止めクリップでとめる。

10 三角の印から下の両はしを、2本取りのししゅう糸を使って巻きかがりぬいでぬい合わせる。

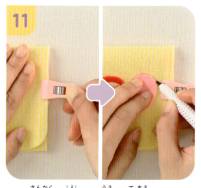

11 **10**の三角の印より上を手前におって仮止めクリップでとめたら、イチゴをつける位置にチャコペンで印をつける。

12 イチゴに接着剤をつけ、**11**でつけた印に合わせて、順番にはりつける。

13 イチゴにへたを重ねて、接着剤ではりつけたら、チャコペンでイチゴのつぶをかく。

14 2本取りのししゅう糸を使って、イチゴのつぶをストレートステッチでぬう。

15 レースを接着剤ではったら裏返す。

16 バンドクリップをつける。

できた！
表に返したら、できあがり！

アレンジでへんしん！ リンゴや動物の移動ポケット

リンゴや動物（型紙39ページ）をかざってもかわいいね♪

ブタの目と鼻の穴はサテンステッチ、口はバックステッチで、2本取りのししゅう糸を使ってぬっているよ！ 首のところは、フリルテープを使っているよ。

ぬい方は7ページを見てね！

使う型紙はこれ！

リンゴの種は2本取りのししゅう糸を使って、サテンステッチでぬっているよ！

使う型紙はこれ！

羊毛フェルト

ヒヨコのクリップ

作業時間
50分

レベル ★

ヒヨコのクリップをつければ、メモがかわいくへんしん！
インテリアにもなるよ。

材料・道具

- 羊毛フェルト…黄色約2g(頭)、黒(目)・オレンジ(くちばし)各少量
- 木製ピンチ…1個
- ニードル…羊毛フェルト用
- マット…羊毛フェルト用
- 指サック
- 接着剤…布用。なければ木工用でもよい
- チャコペン

頭　目　くちばし

作り方

1

少し力を入れてきつく巻くといいよ。

頭にする羊毛フェルトを3つに分け、その中の1つをくるくる巻いて丸める。

2

ニードルでさして丸くしていく。ときどきてのひらでころころと転がし、形を整える。

3

羊毛フェルトは、形になるまで時間がかかるよ。ちくちくする時間も楽しもう！

❷の羊毛フェルトに、残りの羊毛フェルトを1つずつ上から巻いて、同じようにさしてかためていく。

4

チャコペンで目とくちばしをかく。

5
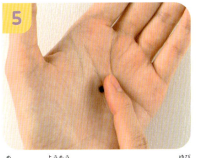

目にする羊毛フェルトを、それぞれ指先やてのひらで丸める。

6

❺を❹にのせ、目の真ん中にニードルをさし、固定してから全体をさす。

7

少し巻いたら少しニードルでさし、また巻いてさす作業をくり返すと形が整いやすいよ！

くちばしにする羊毛フェルトを、たわら形になるように巻き、ニードルでさす。

8

❼を❻にのせ、くちばしの形になるようにふちをさしていく。

できた！

接着剤で木製ピンチにつけたらできあがり。

ペンギンのバッジ

小物につけるとおしゃれなアクセントになるよ！

作業時間 **1時間**

レベル ★★

材料・道具

- 型紙（39ページ）
- 工作用紙…たて2cm、横15cm
- 羊毛フェルト…青または水色1.5g（頭）、白（顔）・黄色（くちばし）・黒（目）・ピンク（ほお）各少量
- フェルト…直径4cmの円形に切る
- ブローチピン…全長2.5〜3cm
- ニードル…羊毛フェルト用
- マット…羊毛フェルト用
- 指サック
- セロハンテープ
- 接着剤…布用。なければ木工用でもよい
- チャコペン
- 定規
- はさみ

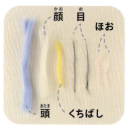

顔　目　ほお

頭　くちばし

作り方

1

長方形に切った工作用紙の両はしを、セロハンテープではり、直径4.5cmの筒状の円の型を作る。

2
「厚みが均等になるように整えてね!」

頭にする羊毛フェルトを、軽くうず巻き状に巻く。

3
「ときどき裏返しにしながら、裏表、両方からさすよ!根気よくね。」

型の中に入れ、厚さ5mmになるまでニードルでさしてかためたら、型からはずす。

4

ふちの形を整えるように、ニードルをさす。

5
型紙を使って、顔のりんかくをチャコペンでかく。

6
「少量の羊毛フェルトをひも状にしてさしていくとやりやすいよ!」

顔の羊毛フェルトを、りんかくにそってさしてから、残りをうめるようにしてさす。

7
「少し巻いたら少しニードルでさし、また巻いてさす作業をくり返すと形が整いやすいよ!」

くちばしにする羊毛フェルトを、たわら形になるように巻き、ニードルでさす。

8

真ん中にくちばしを置き、そのりんかくにそってさしたら、チャコペンで顔をかく。

9

目とほおにする羊毛フェルトを、それぞれ指で丸めてから、顔にさしてつける。

10
「右の図の位置にブローチピンを通す穴を作るよ!」

フェルトを1.5cmの位置で谷おりにし、ブローチピンの幅の両はし3mm内側の2か所に約3mm切りこみを入れる。

11
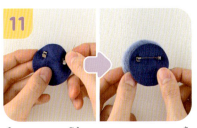
切りこみに、開いたブローチピンを差しこんでとめたら、接着剤をぬり、❾の裏にはりつける。

できた!

目はぬいぐるみ用の差し目を使ってもかわいいよ!

クマの置物

ならべてかざってもかわいいよ♪
メルヘンなお部屋になるかも！

作業時間
1時間40分

レベル ★★★

材料・道具

- 羊毛フェルト…茶色約7g(体5g・両うで1g・両耳1g・しっぽ少量)、白(鼻のまわり)・黒(目・鼻・口)各少量
- 発泡スチロール(たまご型)…1個。高さ約58mm
- レース…幅約1cm
- かざり…リボンなど
- おべんとう用ピック
- コースター…材質はコルクが使いやすい
- 紙…おり紙・包装紙など
- 段ボール…8cmの正方形
- ニードル…羊毛フェルト用
- マット…羊毛フェルト用
- 指サック
- シャープペンシル
- 接着剤…布用
- はさみ
- チャコペン
- まち針
- スティックのり
- 定規

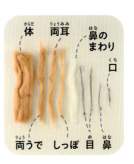

体 / 両耳 / 鼻のまわり / 口 / 両うで / しっぽ / 目・鼻

作り方

1 発泡スチロールの底に、スティックのりのふたをあて、シャープペンシルでなぞる。

「多少いびつでも、たまごが立てられればだいじょうぶ!」

2 線にそって、たまご型の発泡スチロールの底をはさみで切る。

「たまごの底を上にして巻きつけているよ。」

3 体に使う長さ20cmほどの羊毛フェルトを3つに分け、その1つを発泡スチロールに、きつく巻きつける。

「深く強くさすと発泡スチロールがへこんでしまうから注意してね!」

4 まち針で固定し、深さ5mmほどを目安に、ニードルでさしていく。

「ちくちく気長にニードルでさしてね。」

5 白く残っている部分に、❸❹と同じように2つ目の羊毛フェルトを巻き、まち針で仮止めして、ニードルでさす。

「羊毛フェルトをほぐしておくといいよ。ほぐし方は9ページを見てね。」

6 形を整えるように、全体に3つ目の羊毛フェルトを少しずつかぶせて、ニードルでさし、厚みを出していく。

7 飛び出ている羊毛フェルトを、指でなでつけてねかせてから、形にそってさし、表面を整える。

8 耳の羊毛フェルトを2つに分け、長方形になるようにおりたたむ。

「耳の丸い部分は、羊毛フェルトが丸い形になるようにおしこんでからさすよ!」

9 段ボールを半分におって❽をはさみ、ニードルで耳の側面をさしていく。同じようにして、もう1つ耳を作る。

耳の根元を深めにさしてね！

つけたい位置に耳を置き、動かないようまち針でとめ、ニードルでさしてつける。

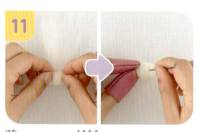

鼻のまわりの羊毛フェルトをおりたたみ、ニードルでさして楕円形にする。

チャコペンで鼻と口をかく。

鼻の羊毛フェルトを、指でころころ転がして丸い玉にする。鼻をつける位置に置いて、ふちをニードルでさす。

口の羊毛フェルトを、糸のように細くねじってから、口の線にそってニードルでさしていく。

体に⓮をまち針で固定してから、ふちをニードルでさしていく。

チャコペンで目をかいて、目の羊毛フェルトを、鼻と同じように指で丸める。

目の位置に置いて、ふちをニードルでさしていく。もう1つの目も同じように作り、さしてつける。

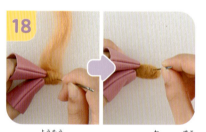

うでの羊毛フェルトを2つに分け、少し巻き、ニードルでさし、また少し巻いてさす作業をくり返して形にする。

両うでを写真のように上向きにして、まち針でとめる。

うでのふちを、ニードルでぐるっとさして固定する。

ほぐし方は9ページを見てね。

しっぽの羊毛フェルトは、ほぐしてから丸め、ニードルでさしていく。

まち針で体にしっぽを固定し、ニードルでふちをさしていく。

全体を見て、飛び出ている羊毛フェルトをはさみで切り、整える。

レースをクマの体に合わせた長さに切り、接着剤をつけて、うでの下に巻いてはりつける。

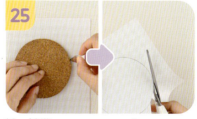
紙の裏側にコースターを置き、まわりをなぞって線をかいたら、線にそってはさみで切る。

コースターにスティックのりをぬり、紙をはりつける。

できた！

おべんとう用ピックをうでにはさんで、耳にかざりをつけたらできあがり！

アレンジでへんしん！ ししゅうをプラス！

ぬいぐるみ用の差し目を使ったり、口をししゅうしたりしてもかわいいよ！

口は2本取りのししゅう糸を使って、バックステッチでぬっているよ！

クマの口のぬい方

最初は⓭の羊毛フェルトの「●」の点のところに裏から針を出し、黄色の線のところをバックステッチでぬう。そのまま、今度は「●」の点のところから針を出し、同じようにバックステッチでむらさきの線のところをぬう。

型紙

この本で紹介している作品の型紙だよ！ コピーしたり、写し取ったりして使ってね！
青い線は別の紙で型紙を作ってね。赤いところはししゅうするところだよ。

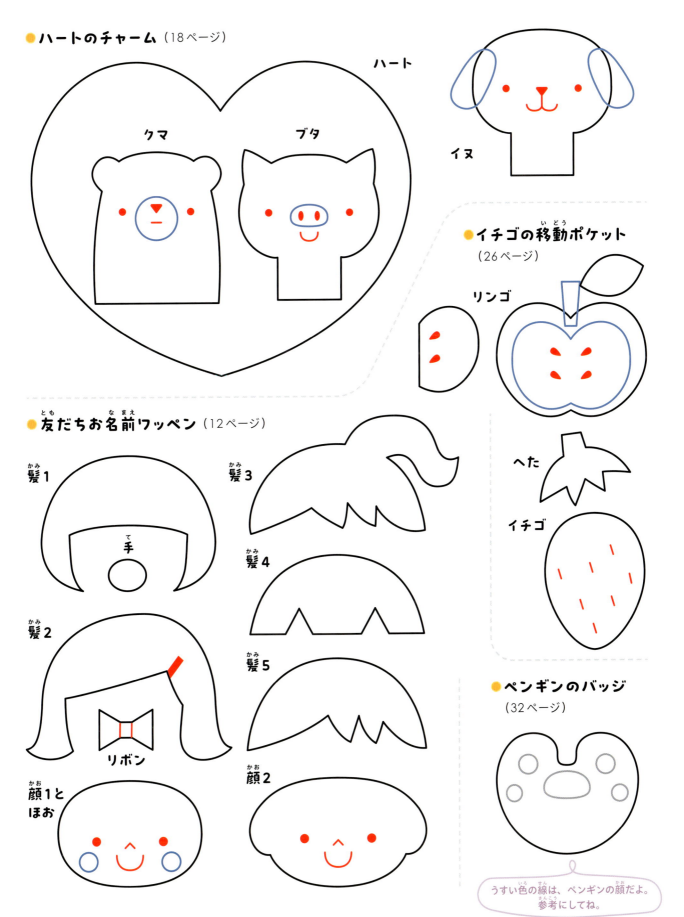

作家

⭐ **チョコット** (p.10-29)
フェルト作家。オリジナル商品のネットショップ販売、フェルトでマスコットなどを作る動画配信、『フェルトで作るかわいいつるし飾り』『フェルトのかわいいマスコット』（ブティック社）など多数の書籍への作品提供など幅広く活動している。

⭐ **にじいろたまご** (p.30-37)
羊毛フェルト作家・講師。ハンドメイドイベントやネットショップ販売などを行っている。作品作りの動画配信、だれもが手軽に楽しめる羊毛フェルトキットの開発など、羊毛フェルトの普及に尽力している。

編集・制作	株式会社アルバ	デザイン	株式会社ミル
協力	幸田徳子	DTP	Studio Porto
写真撮影	林 均	イラスト	能勢明日香・門司美恵子
スタイリング	みつまともこ	校正・校閲	有限会社ペーパーハウス
型紙制作	株式会社ウエイド 田村浩子		

かわいい！がいっぱい
100円ショップではじめての手芸
[1] フェルト・羊毛フェルトでつくる

発行	2025年4月　第1刷
発行者	加藤裕樹
編集	小林真理菜
発行所	株式会社ポプラ社
	〒141-8210 東京都品川区西五反田3-5-8　JR目黒MARCビル12階
	ホームページ　www.poplar.co.jp（ポプラ社）／ kodomottolab.poplar.co.jp（こどもっとラボ）
印刷・製本	株式会社C&Cプリンティングジャパン

©POPLAR Publishing Co.,Ltd. 2025　Printed in China
ISBN978-4-591-18417-2/N.D.C.594/39P/27cm

乱丁・落丁本はお取り替えいたします。ホームページ（www.poplar.co.jp）のお問い合わせ一覧よりご連絡ください。／本書のコピー、スキャン、デジタル化等の無断複製は著作権法上での例外を除き禁じられています。また、本書の作品及び型紙は個人的に楽しむ場合を除き、製作・販売することは著作権法で禁じられています。／本書を代行業者等の第三者に依頼してスキャンやデジタル化することは、たとえ個人や家庭内での利用であっても著作権法上認められておりません。

P7257001

かわいい！がいっぱい

100円ショップではじめての手芸

全5巻

1. フェルト・羊毛フェルトでつくる
2. ビーズ・プラバン・レジンでつくる
3. 布でつくる
4. ねんどでつくる
5. ゆびあみでつくる

N.D.C.594

- 小学校中学年以上向き
- A4変型判
- 各39ページ
- オールカラー
- 図書館用特別堅牢製本図書

ポプラ社はチャイルドラインを応援しています

18さいまでの子どもがかけるでんわ
チャイルドライン®
0120-99-7777
毎日午後4時～午後9時 ※12/29～1/3はお休み
電話代はかかりません 携帯（スマホ）OK
チャット相談はこちらから